ÉTUDE SUR LES MODIFICATIONS

APPORTÉES A LA

CONVENTION DE BERNE

PAR LA CONFÉRENCE RÉUNIE A PARIS

Du 15 avril au 1er mai 1896

PAR

GUSTAVE HUARD

DOCTEUR EN DROIT, AVOCAT A LA COUR DE PARIS.

(EXTRAIT DU *Bulletin de la Société de Législation comparée*)

PARIS

LIBRAIRIE COTILLON

F. PICHON, SUCCESSEUR, ÉDITEUR

Libraire du Conseil d'État et de la Société de Législation comparée

24, Rue Soufflot, 24

—

1897

ÉTUDE SUR LES MODIFICATIONS

APPORTÉES A LA

CONVENTION DE BERNE

PAR LA CONFÉRENCE RÉUNIE A PARIS

Du 15 avril au 1er mai 1896

PAR

GUSTAVE HUARD

DOCTEUR EN DROIT, AVOCAT A LA COUR DE PARIS.

(EXTRAIT DU *Bulletin de la Société de Législation comparée*)

PARIS

LIBRAIRIE COTILLON

F. PICHON, SUCCESSEUR, ÉDITEUR

Libraire du Conseil d'État et de la Société de Législation comparée

24, Rue Soufflot, 24

1897

ÉTUDE SUR LES MODIFICATIONS

APPORTÉES A LA

CONVENTION DE BERNE

PAR LA CONFÉRENCE RÉUNIE A PARIS

Du 15 avril au 1ᵉʳ mai 1896

La Convention du 9 septembre 1886, dite *Convention de Berne*, qui a créé une union pour la protection des œuvre de littérature et d'art, est, sans aucun doute, un acte international de haute importance. Elle a été accueillie en général avec satisfaction par les intéressés et n'a pas donné lieu, chez nous, aux mêmes critiques que la convention analogue, conclue trois ans auparavant, pour la protection de la propriété industrielle.

Les objections, que la Convention de Berne pouvait soulever, étaient de nature à frapper surtout les hommes de science. Il était permis de regretter que la doctrine de la personnalité du droit, qui, née en Italie, tend à se répandre à l'heure actuelle dans un grand nombre de pays, n'eût pas été consacrée par le nouveau traité; que même aucun principe déterminé. en ce qui concerne la solution des conflits, ne se dégageât de l'ensemble des dispositions adoptées, le juge étant appelé à appliquer tantôt la *lex fori*, tantôt la loi du pays où l'œuvre a paru pour la première fois, tantôt enfin des règles spéciales imposées à tous les États signataires, sans que rien justifiât rationnellement ce défaut d'unité et les contradictions qui en résultent.

Mais il fallait reconnaître qu'au point de vue pratique la Convention offrait des avantages multiples et que le progrès, tout compte fait, était considérable. Désormais, les auteurs d'œuvres littéraires ou artistiques étaient assurés pour longtemps d'obtenir protection dans un grand nombre d'États. Le lien créé par la constitution d'une union est des plus difficiles à rompre : car, pour qu'un État s'en affranchisse, il faut qu'il dénonce le traité non seulement à l'égard de tel ou tel des États signataires, mais à l'égard de tous, ce qu'aucun gouvernement ne fera jamais sans hésitation. On s'en est bien aperçu, il y a quelques années, lorsque la politique protectionniste triompha dans notre pays : des traités relatifs à la propriété des auteurs furent dénoncés, par mesure de représailles, mais la Convention d'union demeura intacte. De plus, l'entente qui s'était faite pour régler dans l'Union divers points d'une façon uniforme offrait le caractère d'un premier pas vers l'unification des législations, dont tout le monde comprend l'utilité et attend avec impatience la réalisation. A ce titre encore, la Convention de Berne a été une œuvre de progrès.

On sait que la revision de cet important traité a été soumise à une conférence réunie à Paris, cette année même, du 15 avril au 1er mai 1896. Disons tout de suite que les délégués des puissances signataires se sont proposé seulement de corriger quelques imperfections de détail, d'accroître les avantages pratiques que nous signalions tout à l'heure. Personne n'avait la pensée qu'il fût possible de procéder à une refonte générale d'un acte si difficile à conclure et qui avait, en somme, rendu de grands services. L'édifice élevé en 1886 est donc resté debout, ses grandes lignes ont été respectées, et les innovations que nous aurons à faire connaître sont peu de chose.

D'après l'article 6 du Protocole de clôture, la Convention devait être revisée dans le délai de quatre à six ans; le gouvernement français était chargé de fixer la date à laquelle les représentants des États membres de l'Union seraient convoqués, après avoir pris l'avis du Bureau international. En fait, on a attendu que dix années fussent écoulées, les circonstances jusque-là n'ayant pas paru favorables.

Dès qu'elle fut assemblée, la Conférence rencontra de graves difficultés. La Norwège venait d'adhérer à la Convention d'Union, le 13 avril 1896, et elle s'était préparée à cette adhésion en promulguant une loi nouvelle sur le droit d'auteur. Elle n'était pas disposée à admettre des changements au texte de la Convention, si ces changements se trouvaient en désaccord avec les règles qu'elle venait d'adopter. Pareillement, l'Angleterre s'opposait, en principe, à toute réforme qui l'obligeât à modifier sa loi interne. En effet, disaient ses délégués, certaines des colonies anglaises, parmi lesquelles le Canada, saisiraient ce prétexte pour déclarer qu'elles veulent sortir de l'Union, et c'est là un danger qu'il faut avant tout éviter.

On parvint à triompher de ces difficultés, en divisant les résolutions prises par la Conférence. La première partie de ces résolutions, sous le titre d'*acte additionnel*, a été acceptée par tous les plénipotentiaires présents, excepté le délégué norwégien. La deuxième partie, sous le titre de *déclaration*, a été repoussée seulement par la délégation anglaise. Enfin, la troisième partie a été adoptée à l'unanimité : ce sont de simples vœux qui n'engagent pas le présent. En votant les résolutions des deux premières catégories, la Conférence a créé deux unions restreintes : le mot n'a pas été prononcé, mais on ne saurait qualifier autrement le rapport contractuel qui résulte de ces votes auxquels l'unanimité a fait défaut.

I.

Acte additionnel du 4 mai 1896, modifiant les articles 2, 3, 5, 7, 12 et 20 de la Convention du 9 septembre 1886 et les articles 1 et 4 du protocole de clôture y annexé.

Nous avons à examiner ici six articles de la Convention dont le texte a été transformé en totalité ou en partie.

1° L'article 2, dans son premier alinéa, disait simplement que « les auteurs ressortissant à l'un des pays de l'Union ou leurs ayants cause jouissent dans les autres pays, pour leurs œuvres, soit publiées dans un de ces pays, soit non publiées, des droits que les lois respectives accordent actuellement ou accorderont par la suite aux nationaux. »

La publication dont il s'agit est-elle la publication originaire, ou suffit-il que l'œuvre après avoir paru en dehors du territoire de l'Union, y soit publiée postérieurement ?

On a jugé utile de préciser le sens du texte, en adoptant la rédaction suivante : « Les auteurs ressortissant à l'un des pays de l'Union ou leurs ayants cause jouissent, dans les autres pays, pour leurs œuvres, soit non publiées, soit publiées *pour la première fois* dans un de ces pays, des droits que les lois respectives accordent actuellement ou accorderont par la suite aux nationaux. »

L'article 2 soulevait une autre difficulté : les œuvres dont il s'occupe comprennent-elles les œuvres posthumes ? Pour empêcher toute discussion sur ce point, on a ajouté un cinquième alinéa, ainsi conçu : « Les œuvres posthumes sont comprises parmi les œuvres protégées. »

2° L'article 3 a été complètement refondu. Voici le nouveau texte: « Les auteurs ne ressortissant pas à l'un des pays de l'Union, mais qui auront publié ou fait publier pour la première fois leurs œuvres littéraires ou artistiques dans l'un de ces pays, jouiront pour ces œuvres de la protection accordée par la Convention de Berne et par le présent acte additionnel. »

Auparavant, l'éditeur d'une œuvre parue dans l'Union, dont l'auteur appartenait à un État non unioniste, pouvait revendiquer sur cette œuvre un droit personnel, comme s'il eût été l'auteur lui-même.

C'était là une règle singulière. On avait espéré, en ne favorisant pas trop les auteurs étrangers à l'Union, provoquer des adhésions nouvelles. Quand bien même le calcul eût été habile, comment justifier l'assimilation vraiment exorbitante de l'éditeur à l'auteur? Puis, la règle devait donner lieu dans l'application à des difficultés inextricables (1). Il faut donc louer la Conférence d'être revenue à cet égard aux vrais principes.

3° La revision de l'article 5 va nous donner l'occasion de parler d'une des plus importantes réformes qui aient été réalisées cette année.

Le texte de 1886 consacrait le droit de traduction pour une durée très courte, seulement dix années à partir de la publication de l'œuvre originale. Tous les congrès réunis depuis la mise en vigueur de la Convention ont réclamé un régime plus équitable. Aux termes du nouvel article 5, « les auteurs ressortissant à l'un des pays de l'Union ou leurs ayants cause jouissent, dans les autres pays, du droit exclusif de faire ou d'autoriser la traduction de leurs œuvres pendant toute la durée du droit sur l'œuvre originale. Toutefois, le droit exclusif de traduction cessera d'exister lorsque l'auteur n'en aura pas fait usage dans un délai de dix ans à partir de la première publication de l'œuvre originale, en publiant ou en faisant publier, dans un des pays de l'Union, une traduction dans la langue pour laquelle la protection sera réclamée. »

Cette disposition a été votée à la demande de l'Angleterre, qui avait adopté la même règle par une loi spéciale du 25 juin 1886,

____

(1) Voir sur ces difficultés un article publié par le *Droit d'auteur*, 1896, p. 36.

concernant la protection internationale du *copyright*. Les délégués de l'Allemagne, de la Belgique, de la Suisse et de la France
proposaient d'assimiler d'une façon complète la durée du droit
de traduction à celle du droit d'auteur. Cet accord entre quatre
des principaux États de l'Union est très remarquable. Il faut se
féliciter surtout de voir figurer parmi eux l'Allemagne, dont la
législation est restée jusqu'à ce jour fort peu libérale en matière
de traduction. On savait déjà que cette législation est vivement
critiquée par les Allemands eux-mêmes. « A l'heure actuelle, a dit
un savant professeur, la loi allemande consacre un droit exclusif
de traduction, mais avec des restrictions et des conditions qui
n'ont pas de raison d'être. Il n'est pas justifié que le droit de
traduction prenne fin avant le droit d'auteur, de même que rien
n'a jamais justifié que l'on fît cesser le droit de représentation
avant le droit de reproduction (1). » Il y a donc lieu d'espérer
que l'Allemagne revisera un jour ou l'autre sa législation sur ce
point.

La règle qui résulte du nouvel article 5 nous paraît propre à
donner satisfaction aux intérêts de nos écrivains. Sans doute on
peut regretter que la Conférence ait dû s'arrêter devant l'opposition de l'Angleterre et n'ait pas encore réalisé l'assimilation absolue du droit de traduction au droit d'auteur. Mais, après tout,
l'obligation, qu'elle a consenti à imposer à l'auteur, d'user de son
droit dans le délai de dix ans, est une restriction qui peut se
défendre par d'assez bonnes raisons : pareillement, nous admet-
tons en France que le breveté soit tenu d'exploiter son invention
dans un certain délai, sous peine de déchéance. En outre, cette
obligation n'est pas bien gênante : il est facile à un écrivain de
faire traduire son œuvre, quand il dispose pour cela de dix années,
et, s'il s'en abstient, c'est qu'il estime que tel n'est pas son intérêt. Voilà donc nos auteurs, dont les écrits sont si répandus à
l'étranger, assurés désormais de bénéfices plus considérables que
par le passé, grâce à l'important progrès que la Conférence, en
revisant l'article 5, a su réaliser.

4° La rédaction suivante a été votée pour l'article 7 :

« Les romans-feuilletons, y compris les nouvelles, publiés dans
les journaux ou recueils périodiques d'un des pays de l'Union,
ne pourront être reproduits, en original ou en traduction, dans
les autres pays, sans l'autorisation des auteurs ou de leurs ayants
cause.

(1) Kohler, *Das Autorrecht*, p. 240.

« Il en sera de même pour les autres articles de journaux ou de recueils périodiques, lorsque les auteurs ou éditeurs auront expressément déclaré, dans le journal ou le recueil même où ils les auront fait paraître, qu'ils en interdisent la reproduction. Pour les recueils, il suffit que l'interdiction soit faite d'une manière générale en tête de chaque numéro.

« A défaut d'interdiction, la reproduction sera permise à la condition d'indiquer la source.

« En aucun cas, l'interdiction ne pourra s'appliquer aux articles de discussion politique, aux nouvelles du jour et aux faits divers. »

La question dont il s'agit là est une des plus difficiles à régler. A notre sens, on ne saurait mettre en doute que les romans-feuilletons soient objet de propriété, comme toute autre œuvre de la pensée, et que l'exercice du droit, en ce qui concerne ce genre de productions, ne doive dépendre d'aucune condition. De même, il est certain que les nouvelles du jour, les faits divers, n'étant pas un ouvrage littéraire, ne remplissent pas les conditions nécessaires pour être légalement protégés. Ce sont de simples faits énoncés sous une forme banale, impersonnelle. La propriété littéraire n'existe pas ici, faute d'objet : rien n'a été créé, inventé, rien ne saurait être approprié.

Le problème nous paraît beaucoup moins simple, si nous venons à considérer les articles de toute espèce qui, joints aux romans-feuilletons et aux nouvelles, concourent à la composition d'un journal. Il semble bien qu'on puisse distinguer ces articles en deux classes. D'une part, les articles de polémique, « d'actualité », ceux qui ont pour objet le commentaire d'un fait récent, d'une opinion récemment exprimée. Ceux-là, l'auteur, en règle générale, souhaite qu'il leur soit donné la plus large publicité ; il veut qu'ils soient reproduits le plus possible, quand bien même la reproduction ne lui vaudrait aucun profit pécuniaire. Il est donc naturel que les articles de cette espèce, à moins de réserve expresse, soient librement reproduits. Jusqu'à preuve contraire, l'auteur est présumé avoir renoncé à son droit. D'autre part, il y a les articles qui offrent un intérêt moins éphémère, qu'il s'agisse d'art ou de science ; on les trouve principalement dans les revues, mais aussi dans les journaux quotidiens. L'auteur, en ce qui concerne les écrits de ce genre, n'entend pas, selon toute apparence, renoncer au droit exclusif qui lui appartient. Par conséquent, une mention de réserve ne doit pas être jugée nécessaire. Jusqu'ici, la solution cherchée nous apparaît assez nettement. Mais comment distinguer les articles de la première catégorie de ceux de la seconde? Il est clair qu'en bien des cas le juge sera fort embarrassé; et l'on est tenté de se demander si la jurisprudence française n'a pas admis la meilleure règle, lorsque, rejetant toute distinction, elle a, contrairement à la plupart des lois étrangères, soumis à la même protection, sans aucune mention de réserve, toute espèce d'articles, qu'ils appartiennent à « l'actualité » ou offrent le caractère d'une œuvre durable.

La Convention de 1886, en cette matière, avait admis un système fort imparfait. Tout article publié dans un journal ou un recueil périodique tombait dans le domaine public, à moins que les auteurs ou éditeurs ne l'eûssent expressément interdit; cette interdiction ne pouvait, en aucun cas, s'appliquer aux articles de discussion politique ou à la reproduction des nouvelles du jour et des faits divers.

L'article 7, dans sa forme nouvelle, s'écarte assurément moins des vrais principes. Toutefois, il n'est pas entièrement à l'abri de la critique. Il faut louer la Conférence d'avoir reconnu que la publication d'un roman, quand elle est faite dans un journal, n'est pas de nature à faire présumer l'abandon du droit dont ce roman est l'objet; c'est avec raison qu'elle a supprimé dans ce cas l'obligation qui incombait à l'auteur de réserver sa propriété par une mention expresse. Mais la Conférence nous paraît avoir été moins heureusement inspirée, lorsqu'elle a persisté à exiger une telle mention, même pour les articles dont la portée dépasse celle d'une éphémère polémique; elle a eu tort également de maintenir l'assimilation des articles de discussion politique aux nouvelles et faits divers, comme si ces articles n'étaient pas des œuvres personnelles au même titre que toutes les créations de l'esprit humain.

Par une disposition nouvelle, la Conférence a décidé que les articles prévus par le second alinéa ne pourraient être reproduits qu'à la condition d'indiquer la source. Cette règle existe dans diverses législations, par exemple, les lois de la Belgique et de la Suisse; elle nous paraît équitable. Si la Conférence n'a pas respecté absolument la propriété des auteurs, en matière de presse, elle a senti le besoin de consacrer un de ces « droits moraux » qui appartiennent aux écrivains et qu'il ne faut pas confondre avec la propriété littéraire.

5° L'article 12 de la Convention de 1886 disait: « Toute œuvre contrefaite peut être saisie *à l'importation* dans ceux des pays de l'Union où l'œuvre originale a droit à la protection légale. » Ce texte permettait de se demander si la saisie pouvait avoir lieu autrement qu'à l'importation. C'est pourquoi on a jugé préférable la rédaction suivante : « Toute œuvre contrefaite peut être saisie par les autorités compétentes des pays de l'Union où l'œuvre originale a droit à la protection légale »;

6° L'article 20 a été légèrement modifié : d'après la rédaction nouvelle, la dénonciation du traité d'Union doit être adressée « au gouvernement de la Confédération suisse ». L'ancien texte était ainsi conçu : « ... Cette dénonciation sera adressée au Gouvernement chargé de recevoir les accessions. »

Les changements dont nous allons parler maintenant concernent le Protocole de clôture annexé à la Convention.

1° Le numéro 1 aura dorénavant la teneur suivante :

« Au sujet de l'article 4, il est convenu ce qui suit :

A. — Dans les pays de l'Union où la protection est accordée non seulement aux plans d'architecture, mais encore aux œuvres d'architecture elles-mêmes, ces œuvres sont admises au bénéfice des dispositions de la Convention de Berne et du présent acte additionnel.

B. — Les œuvres photographiques et les œuvres obtenues par un procédé analogue sont admises au bénéfice des dispositions de ces actes, en tant que la législation intérieure permet de le faire, et dans la mesure de la protection qu'elle accorde aux œuvres nationales similaires.

Il est entendu que la photographie autorisée d'une œuvre d'art protégée jouit, dans tous les pays de l'Union, de la protection légale, au sens dé la Convention de Berne et du présent acte additionnel, aussi longtemps que dure le droit principal de reproduction de cette œuvre même, et dans les limites des conventions privées entre les ayants droit. »

Disons un mot d'abord de la disposition relative aux œuvres photographiques. D'après l'acte de 1886, il était convenu « que ceux des pays de l'Union où le caractère d'œuvres d'art n'est pas refusé aux œuvres photographiques s'engagent à les admettre, à partir de la mise en vigueur de la Convention conclue en date de ce jour, au bénéfice de ses dispositions. »

Les termes employés dans ce texte avaient pour effet d'exclure de la protection les travaux du photographe dans les pays, tels que l'Allemagne, où la photographie n'est pas protégée en tant qu'œuvre artistique, mais en temps qu'œuvre intellectuelle *sui generis ;* la rédaction nouvelle met fin à cette situation fâcheuse.

Ce qu'il y a de plus remarquable dans le numéro 1 du Protocole de clôture, c'est l'alinéa relatif à l'architecture. L'œuvre de l'architecte est désormais à l'abri de toute atteinte, que la contrefaçon se produise sous la forme graphique ou sous forme de réédification, si toutefois la loi du pays où la question s'élève est favorable à ses revendications. Cela n'est pas douteux aujourd'hui, en présence d'un texte formel ; mais, à notre sens, la même règle résultait déjà de l'article 2, ainsi conçu : « Les auteurs ressortissant à un des pays de l'Union ou leurs ayants cause, jouissent, dans les autres pays, ... *des droits que les lois respectives accordent actuellement ou accorderont par la suite aux nationaux.* » L'article 2 déclare applicable en principe la *lex fori ;* le numéro 1 du Protocole de clôture tire une conséquence du principe relativement aux ouvrages d'architecture.

La délégation française présentait, avec les délégations belge, italienne, monégasque et suisse, une proposition plus libérale ; elle demandait que les architectes fussent garantis contre la réédification, sur tout le territoire de l'Union, sans qu'il fût tenu compte des législations internes. L'Allemagne a combattu cette proposition et la Conférence a dû céder. La loi allemande du 9 janvier 1876, sur les œuvres des arts figuratifs, contient un article, aux termes duquel elle n'est pas applicable à l'architecture (art. 3). En Angleterre, la reproduction des édifices sur le terrain est également libre. Il règne encore, dans beaucoup de pays, sur l'étendue du droit de l'architecte et les règles qu'il convient de tracer à cet égard, une grande incertitude. Pour notre part, nous inclinons à penser qu'on a jusqu'ici fait fausse route en réclamant pour l'architecte un système de protection semblable à celui dont bénéficient le peintre et le sculpteur. Un édifice est à la fois une œuvre d'art et une œuvre industrielle, aussi bien qu'un meuble ou un joyau ; par suite, la législation applicable aux travaux d'architecture n'est-elle pas celle des dessins et modèles industriels ? Grave question, dont la discussion dépasserait le cadre de cette étude.

2° Le numéro 4 du Protocole de clôture a été partiellement refondu. Voici le texte adopté par la Conférence :

« L'accord commun prévu à l'article 14 de la Convention est déterminé ainsi qu'il suit :

« L'application de la Convention de Berne et du présent acte additionnel aux œuvres non tombées dans le domaine public dans leur pays d'origine au moment de la mise en vigueur de ces actes, aura lieu suivant les stipulations y relatives contenues dans les conventions spéciales existantes où à conclure à cet effet.

« A défaut de semblables stipulations entre pays de l'Union, les pays respectifs règleront, chacun pour ce qui le concerne, par la législation intérieure, les modalités relatives à l'application du principe contenu dans l'article 14.

« Les stipulations de l'article 14 de la Convention de Berne et du présent numéro du protocole de clôture s'appliquent également au droit exclusif de traduction, tel qu'il est assuré par le présent acte additionnel.

« Les dispositions transitoires mentionnées ci-dessus sont applicables en cas de nouvelle accession à l'Union. »

Les changements apportés à l'ancien texte consistent dans l'addition des quatrième et cinquième alinéas et dans une légère retouche au deuxième pour déterminer d'une façon plus précise les œuvres auxquelles la Convention est applicable : ce sont celles dont la propriété subsiste encore *dans le pays d'origine*.

L'acte additionnel se termine par quelques dispositions relatives aux ratifications ultérieures et à l'accession des États dissidents.

« Les pays de l'Union, est-il dit, qui n'ont point participé au présent Acte additionnel seront admis à y accéder en tout temps sur leur demande. Il en sera de même pour les pays qui accéderont ultérieurement à la Convention du 9 septembre 1886. »

En ce qui regarde les ratifications, nous ne voyons rien à signaler, si ce n'est qu'elles doivent être échangées dans le délai d'un an.

II.

Déclaration du 4 mai 1896, interprétant certaines dispositions de la Convention de Berne du 9 septembre 1886 et de l'acte additionnel signé à Paris le 4 mai 1896.

Cette déclaration comprend trois articles que nous allons énoncer et commenter successivement.

Voici le premier article : « Aux termes de l'article 2, alinéa 2, de la Convention, la protection assurée par les actes précités

(Convention de Berne du 9 septembre 1886 et Acte additionnel du 4 mai 1896) dépend uniquement de l'accomplissement, dans le pays d'origine de l'œuvre, des conditions et formalités qui peuvent être prescrites par la législation de ce pays. Il en sera de même pour la protection des œuvres photographiques mentionnées dans le numéro 1, lettre B, du protocole de clôture modifié. »

Cet article a pour but de faire cesser une controverse qui avait lieu en Angleterre à propos de l'article 2. Aux termes du dit article, la protection « est subordonnée à l'accomplissement des conditions et formalités prescrites par la législation du pays d'origine de l'œuvre . » Faut-il en outre exiger l'accomplissement des conditions et formalités prescrites par la législation du pays d'importation? La Haute Cour de justice, par une décision du 4 février 1891, avait répondu affirmativement, tandis que la Cour de Comté de Brighton, le 7 août 1891, s'était prononcée en sens contraire. Les intéressés se montrent particulièrement hostiles à ces formalités, telles qu'un dépôt, un enregistrement. Il faut bien convenir qu'au cas où ils seraient astreints à les accomplir dans tous les États de l'Union, l'exercice de leur droit serait notablement entravé. L'enregistrement peut se défendre, et, si tous les États de l'Union adoptaient la même législation, nous le verrions volontiers consacré par une disposition spéciale : il constitue le seul moyen d'établir le point de départ du délai de protection, si ce délai n'est pas réglé sur la vie de l'auteur; il est également nécessaire pour assurer la publicité des mutations de propriété dont les œuvres artistiques et littéraires sont l'objet. Mais il faudrait qu'il pût être accompli dans un seul pays, sous peine de susciter à l'auteur des difficultés et des embarras insurmontables.

La déclaration interprétative dit, dans un second article: « Par œuvres publiées, il faut entendre les œuvres éditées dans un des pays de l'Union. En conséquence, la représentation d'une œuvre dramatique ou dramatico - musicale, l'exécution d'une œuvre musicale, l'exposition d'une œuvre d'art, ne constituent pas une publication dans le sens des actes précités. »

L'interprétation que la Conférence donne ici des mots « publier, publication » est fort importante. Il en résulte que pour être admis au bénéfice de la Convention, l'auteur doit prouver seulement que son œuvre a été éditée pour la première fois sur le territoire de l'Union; peu importe qu'auparavant elle ait été représentée, exécutée, exposée dans un pays non unioniste. En outre, pour déterminer le pays d'origine d'une œuvre, c'est encore l'édition seulement qu'il faut prendre en considération.

Le dernier article est ainsi conçu : « La transformation d'un roman en pièce de théâtre, ou d'une pièce de théâtre en roman, rentre dans les stipulations de l'article 10. »

En 1886, la délégation anglaise avait fait rejeter cette disposition, en alléguant que, d'après la législation britannique, une pièce tirée d'un roman peut être représentée sans l'assentiment du romancier ; elle reconnaissait d'ailleurs qu'une réforme sur ce point était désirable. Elle a gardé cette année la même attitude. Au reste, ce que nos auteurs ont surtout à redouter, ce n'est pas tant la dramatisation de leurs romans, que l'adaptation de leurs pièces ; et, sur ce point, ils sont protégés à l'heure actuelle par la loi anglaise elle-même, trop protégés peut-être, dit-on, car le théâtre anglais, depuis que l'adaptation des pièces françaises est interdite, paraît avoir pris à leur détriment un remarquable essor (1).

La déclaration interprétative contient enfin sur l'accession des États dissidents et les ratifications dont elle doit être l'objet des dispositions semblables à celles que nous avons exposées à propos de l'Acte additionnel.

III.

Vœux émis par la Conférence de Paris dans sa séance du 1er mai 1896.

1° La Conférence émet le vœu « que, dans tous les pays de l'Union, la loi protège les œuvres photographiques ou les œuvres obtenues par des procédés analogues, et que la durée de la protection soit de quinze ans au moins. »

La photographie a de nos jours des défenseurs si acharnés qu'ils blâmeront sans aucun doute la timidité de la Conférence. Selon nous, l'opinion qu'elle a formulée est parfaitement digne d'approbation ; elle a montré beaucoup de modération et de sagesse, en repoussant les revendications excessives qu'on fait souvent valoir au nom des photographes.

Si l'on veut déterminer l'étendue de la protection due aux

(1) Voir A. Filon. *le Théâtre anglais contemporain*, passim.

œuvres photographiques, il faut d'abord distinguer parmi ces
œuvres, comme le fait avec raison la jurisprudence française,
celles qui résultent simplement d'un travail manuel et celles qui,
au contraire, sont véritablement des ouvrages de l'esprit. Ces
dernières seules peuvent être objet de propriété. Ce n'est là que
l'application d'un principe général ; de même, on admet com-
munément qu'il faut exclure de la protection légale les lettres
d'affaires, les dessins de figures géométriques, les constructions
dénuées de tout caractère artistique, parce que l'auteur de telles
œuvres n'a rien créé qui lui appartienne en propre. Il faut ensuite
se demander, en considérant les œuvres photographiques, dans
quelle mesure le labeur intellectuel dont elles sont le fruit mérite
récompense. Si l'on se place à ce point de vue, il paraît impos-
sible de les assimiler aux œuvres d'art proprement dites. En
vain on objectera que certaines photographies ont coûté plus
d'efforts que telle ou telle peinture ; ce qu'il faut prendre pour
base d'appréciation de part et d'autre, c'est la moyenne des
œuvres. Voilà pourquoi la durée du droit d'auteur doit être
abrégée en ce qui concerne les photographies. On parle beaucoup
aujourd'hui de justice distributive ; nous rencontrons ici une
excellente occasion de mettre en pratique une idée chère à notre
époque.

2° La Conférence propose ensuite « que les législations des
pays de l'Union fixent les limites dans lesquelles la prochaine
Conférence pourrait adopter le principe que les œuvres musicales
publiées doivent être protégées contre l'exécution non autorisée,
sans que l'auteur soit astreint à la mention de réserve. »

Il s'agit là d'une des dispositions les plus imparfaites de la
Convention. Rien ne justifie la nécessité d'une mention de réserve,
en matière d'œuvres musicales. L'auteur, qui s'est abstenu d'une
telle mention, peut-il être présumé avoir fait abandon au domaine public du droit d'exécution? Assurément non. Par conséquent, la règle établie par la Convention constitue une spoliation
imméritée. Elle a été adoptée en 1886, parce qu'elle était con-
forme à la législation de plusieurs des États qui demandaient à
entrer dans l'Union. Une réforme sur ce point était impatiem-
ment attendue ; il a fallu s'incliner devant l'opposition de l'Angleterre et de la Norwège et se contenter d'un vœu tendant à la
revision des lois internes.

3° Il est demandé « que les conventions spéciales conclues
entre des pays faisant partie de l'Union soient examinées par les

parties contractantes respectives, en vue de déterminer les clauses pouvant être considérées comme restées en vigueur conformément à l'article additionnel de la Convention de Berne ; que le résultat de cet examen soit consacré par un acte authentique et porté à la connaissance des pays de l'Union par l'intermédiaire du Bureau international, avant la réunion de la prochaine Conférence. »

4° Le quatrième vœu est ainsi formulé : « Que des dispositions pénales soient insérées dans les législations nationales afin de réprimer l'usurpation des noms, signatures ou signes des auteurs en matière d'œuvres littéraires et artistiques. »

On sait que nous avons une loi du 9 février 1895, d'ailleurs médiocrement rédigée, sur les fraudes en matière artistique. Pourquoi ne s'est-on pas proposé de sauvegarder les droits des écrivains en même temps que ceux des artistes ? A cet égard, il y a dans notre législation une lacune évidente. L'invitation qu'adresse la Conférence aux pays unionistes regarde donc la France comme les autres États.

5° Pour finir, la Conférence demande « que des délibérations de la prochaine Conférence sorte un texte unique de convention. »

Tels sont les résultats de la Conférence de Paris.

En tenant compte des difficultés qu'elle a rencontrées, on doit reconnaître qu'il était malaisé de mieux faire. Les réformes votées ne sont certes pas à dédaigner. La Conférence a su compléter, préciser par des additions ou des changements heureux le texte de la Convention. Avant tout, il faut la louer d'avoir assimilé d'une façon presque absolue le droit de traduction au droit d'auteur et dispensé les romans-feuilletons de la mention de réserve. Ce sont là deux innovations d'importance capitale, auxquelles applaudiront tous les intéressés.

C'est pourquoi nous souhaitons que les Chambres françaises ratifient sans retard les dispositions nouvelles qui seront soumises à leur approbation.

IMPRIMERIE E. FLAMMARION, 26, RUE RACINE, PARIS.